Dick King-Smith sagt von sich, er sei ein Naturmensch, er könne Großstädte nicht leiden und lebe deswegen auf dem Lande. 1922 wurde er in Bristol geboren. Dick King-Smith war lange Zeit Farmer, hatte aber noch andere Berufe – z.B. Feuerwehruniform-Vertreter –, bevor er an einer Pädagogischen Hochschule zu studieren begann und anschließend Lehrer an einer Dorfschule wurde. 1982 gab er auch diesen Beruf auf und ist seitdem nur noch Schriftsteller, und zwar einer der beliebtesten und erfolgreichsten Kinderbuchautoren Großbritanniens. »Die meisten meiner Geschichten handeln von Tieren, entweder von Haustieren oder den Tieren auf dem Bauernhof. Ein Leben lang hatte ich mit ihnen zu tun. Ich gehöre nicht zu den Autoren, die Tiere wie Menschen anziehen: gestreifte Anzüge für die Elefanten und Miniröcke für die Mäuse. Meine Tiere bleiben Tiere, mit einer Ausnahme: Sie können sprechen. So bleiben meine Schweine eben Schweine, aber ich genieße es, ihnen die drolligsten Redensarten ins Maul zu legen.«
In der Reihe ›Fischer Schatzinsel‹ sind bereits von ihm erschienen: ›Der Willi ist kein Mickerling‹ (Bd. 80007), ›Schwein gehabt, Knirps‹ (Bd. 80103), ›Die Nase der Queen‹ (Bd. 85007), ›Ein Schweinchen namens Kreuz-Ass‹ (Bd. 85022) und ›Sophies Schnecke‹ (Bd. 80245).

David Parkins wurde 1955 in Brighton geboren. Er arbeitet als freier Illustrator, hat zahlreiche Bücher bebildert und viele Preise gewonnen. Mit seiner Familie und seinen vier Katzen lebt David Parkins in Lincolnshire.

Dick King-Smith

Sophies Kater

Aus dem Englischen von
Anne L. Braun

Mit Bildern von David Parkins

Fischer Taschenbuch Verlag

Fischer Schatzinsel
Herausgegeben von Markus Niesen

Veröffentlicht im Fischer Taschenbuch Verlag GmbH,
Frankfurt am Main, Oktober 1998

Die englische Originalausgabe erschien unter dem Titel ›Sophies Tom‹
bei Walker Books, London 1991

Lektorat: Julia Holbe
Gesamtherstellung: Clausen & Bosse, Leck
Printed in Germany
ISBN 3-596-80246-6

Nach den Regeln der neuen Rechtschreibung

Inhalt

Am Morgen ihres sechsten Geburtstags wachte Sophie früh auf.

Tom taucht auf

Am Morgen ihres sechsten Geburtstags wachte Sophie früh auf. Es war noch sehr dunkel. Sie machte das Licht an. Normalerweise betrachtete Sophie immer zuerst die Bilder über ihrem Bett. Es waren vier Bilder, die Sophies Mutter gemalt hat. Sie kann sehr gut malen.

Auf einem Bild war eine Kuh namens Blümchen, auf einem anderen zwei Hennen namens April und Mai, auf dem dritten ein Shetland-Pony namens Kleiner und auf einem vierten ein geflecktes Schwein namens Pünktchen abgebildet.

Diese Tiere wollte Sophie später einmal haben. Wenn sie groß war, würde sie nämlich eine Farm haben. Ihre Eltern und ihre beiden zwei Jahre älteren Zwillingsbrüder Matthias und Mark zweifelten keine Sekunde daran, dass Sophic ihren Traum wahr machen würde.

Sie war zwar noch klein, aber schon ein sehr entschlossenes Persönchen.
An diesem besonderen Morgen hatte Sophie keine Zeit, ihre Bildergalerie zu bewundern. Sie krabbelte sofort an das Fußende ihres Betts und blickte nach unten. Und tatsächlich, da hing etwas!
»Hurra!«, rief Sophie. »Er war da!« Ungeduldig öffnete sie die Sicherheitsnadel, mit der ein prall gefüllter Strumpf an ihrer Bettdecke befestigt war.

Inzwischen hatte Sophie sich daran gewöhnt, dass sie an Weihnachten Geburtstag hatte. Die Zwillinge, die im Frühling geboren waren, bedauerten sie sehr.
»Die arme Sophie«, sagte Matthias. »Ausgerechnet an Weihnachten Geburtstag zu haben!«
»Pech für sie«, meinte Mark. »Zum Glück blieb uns das erspart.«
Doch Sophie machte es nichts aus.
»Es ist ganz toll«, erklärte sie jedem, der sie fragte, wie es ist, an Weihnachten Geburtstag

zu haben. »Ich kriege von allen zwei Geschenke.«

»Finde ich echt gut von dir, Mami«, hatte sie einmal zu ihrer Mutter gesagt.

»Was?«

»Dass du mich an Weihnachten bekommen hast. Wie hast du das hingekriegt?«

»Tja, das war nicht ganz einfach. Aber du warst das schönste Weihnachtsgeschenk, das man sich vorstellen kann. Papa und ich hatten uns so sehr eine kleine Tochter gewünscht!«

»Warum?«

»Weil wir schon zwei Söhne hatten, wie du weißt.«

»Wie hättet ihr mich genannt, wenn ich ein Junge gewesen wäre?«

»Wahrscheinlich Noël. Das ist Französisch für Weihnachten.«

»Ihhh«, rief Sophie. »Da bin ich aber froh, dass ich ein Mädchen geworden bin.«

Dieser Weihnachtsfeiertag, der siebte in Sophies Leben, begann wie üblich. Sobald die alte Standuhr im Flur siebenmal geschlagen

hatte, stürmten die Zwillinge und Sophie ins elterliche Schlafzimmer. Übermütig kletterten sie in das große Bett, um ihren Eltern zu zeigen, was der Weihnachtsmann ihnen in den Strumpf gesteckt hatte.
Wenig später, nach dem Frühstück, kam die große Geschenkeverteilung.
Das geschah immer auf dieselbe Weise. Alle nahmen Platz, natürlich im Wohnzimmer – das heißt, zumindest die beiden Erwachsenen setzten sich, die Kaffeetasse in der Hand. Matthias und Mark hingegen tanzten aufgeregt herum, während ihre Schwester geduldig neben dem Weihnachtsbaum stand, unter dem die Geschenke ausgebreitet waren, und darauf wartete, dass die anderen »Happy Birthday, liebe Sophie« sangen.
Danach begann das Verteilen der Geschenke. Es ging immer der Reihe nach, zuerst kam die Jüngste, dann der Älteste dran – ein Weihnachtsgeschenk für Sophie, dann eines für Mark, dann eines für Matthias (der zehn Minuten älter war), dann eines für Mama, dann eines für Papa, und schließlich ein Geburtstagsge-

Matthias und Mark tanzten aufgeregt herum, während ihre Schwester geduldig neben dem Weihnachtsbaum stand.

schenk für Sophie, ehe die nächste Runde begann und jeder wieder ein Weihnachtsgeschenk bekam.
In den letzten Monaten hatte Sophie öfters erwähnt, dass sie die Absicht hatte, später Farmersfrau zu werden, was sich mittlerweile in ihrer ganzen Familie herumgesprochen haben musste. Denn zu ihrer großen Freude und Überraschung sah man das sowohl an ihren Weihnachts- als auch an ihren Geburtstagsgeschenken.
Von den Großeltern, Tanten und Onkeln waren Bilderbücher, Malbücher und Geschichtenbücher gekommen, die alle mit Farmen und Tieren zu tun hatten. Doch das Schönste war eine Spielzeugfarm von ihren Eltern (zu Weihnachten) mit einem Kuhstall, einer Scheune, Zäunen, einem gläsernen Ententeich in einer Ecke, und (zum Geburtstag) viele kleine Plastiktiere, Kühe, Schafe und Pferde, einige stehend, andere liegend, sowie ein wild aussehender Bulle, Hühner, ein Truthahn, ein paar Enten für den Teich und sogar ein geflecktes Schwein.

Und von den Zwillingen bekam sie einen ganz tollen roten Traktor mit einem gelben Anhänger!
»Der Traktor ist zum Geburtstag«, sagte Matthias.
»Und der Anhänger zu Weihnachten«, ergänzte Mark.
»Was für ein schönes Geschenk!«, sagte Sophies Mutter.
»Oh ja«, sagten die Zwillinge einstimmig. »Es war auch ganz schön teuer.«
Sophie bekam ein bisschen ein schlechtes Gewissen, da sie für die beiden nur das übliche Weihnachtsgeschenk gekauft hatte – einen Schokoriegel ihrer Lieblingsmarke. Doch leider hatte sie kein Geld mehr gehabt, nachdem sie die Geschenke für ihre Eltern gekauft hatte. Deshalb hatte sie den Stöpsel im Bauch ihres Sparschweins geöffnet, an dessen Flanke ein großer Zettel hing:

FARMGELD
DANKE
SOPHIE.

»Oh ja«, sagten die Zwillinge einstimmig.
»Es war auch ganz schön teuer.«

Doch mehr als insgesamt sieben Penny waren leider nicht darin gewesen.
Zuletzt lag nur noch ein Geschenk unter dem Weihnachtsbaum, ein normaler weißer Umschlag, auf dem SOPHIE stand. Darunter stand noch etwas in einer verschnörkelten Handschrift, die Sophie nicht lesen konnte. Sie hatte dieses Geschenk bis zuletzt aufgehoben, weil es ziemlich langweilig aussah. Wahrscheinlich nur eine dumme Weihnachtskarte, dachte sie, als sie den Umschlag nahm und an ihren Vater weiterreichte.
»Was steht da, Papa?«, fragte sie.
»Hier steht: SOPHIE. Mögest du noch viele schöne Weihnachtsfeste erleben. Alles Liebe von Tante Al.«
Tante Al war Sophies Urgroßtante. Sie war achtzig Jahre alt und lebte im schottischen Hochland. Letzten Sommer war sie zu Besuch gekommen, und sie und Sophie hatten einander auf den ersten Blick ins Herz geschlossen.
»Willst du den Brief nicht aufmachen?«, fragte Sophies Mutter erstaunt.
»Es ist doch nur 'ne Karte«, sagte Sophie gleich-

gültig. Doch zu ihrer Überraschung entdeckte sie im Inneren einen zweiten kleineren Umschlag, auf dem FARMGELD stand. Darin befand sich eine Fünfpfundnote.

»Wow!«, rief Sophie entzückt. »Damit könnte man eine Henne kaufen, eine lebende, nicht wahr?«

»April«, sagte Mark.

»Oder Mai«, ergänzte Matthias.

»Damit warte mal schön, bis du deine Farm hast«, sagte Sophies Vater erschrocken. »Wenn es nach dir ginge, hätten wir das ganze Haus schon voller Tiere.«

Nach dem Mittagessen baute Sophie ihre Spielzeugfarm auf dem Fußboden im Wohnzimmer auf. Sie lud alle ihre Tiere auf den Anhänger, fuhr damit auf den Hof, lud sie dort wieder aus und stellte sie an ihren Platz.

»Du hast ganz schön Glück«, erklärte sie dem Truthahn. »Wir haben gerade einen deiner Brüder gegessen. Aber keine Angst, wenn ich auf meiner Farm mal lebende Truthähne habe, werde ich sie natürlich nicht aufessen!«

»Wieso? Willst du Vegetarierin werden?«, fragte ihre Mutter.
»Nein«, antwortete Sophie, »aber seine Freunde kann man doch nicht aufessen. Ich esse lieber Fremde. Die hole ich mir aus dem Tiefkühlfach im Supermarkt.«
»Auf deiner Farm wird es bestimmt bloß Tiere zum Streicheln und Spielen geben, stimmt's?«, sagte ihr Vater gähnend aus seinem Sessel.
»Stimmt«, bestätigte Sophie. »Tiere sind zum Spielen da. Ich finde es schade, dass ich kein Tier zum Spielen habe.«
»Dafür bist du noch zu klein.«
»Ich bin schon sechs.«
»Das ist noch viel zu jung«, erklärten die Zwillinge.
»Dann kaufe ich mir eben mit dem Geld von Tante Al ein Tier.«
»Red keinen Unsinn«, widersprach ihr Vater, der fast in seinem Sessel einschlief.
»Ich rede keinen Unsinn.«
»Tust du doch«, sagte Matthias.
»Tue ich nicht.«
»Tust du doch«, sagte Mark.

»Seine Freunde kann man doch nicht aufessen«, sagte Sophie. »Ich esse lieber fremde Tiere aus dem Supermarkt.«

»TUE ICH NICHT.«

»Nicht so laut, Sophie«, sagte ihre Mutter. »Spiel lieber mit deiner Farm. Papa will sein Mittagsschläfchen halten.«

Sophie knallte ihren Truthahn auf ihre Spielzeugfarm (ganz zufällig landete er im Ententeich) und stürmte aus dem Zimmer. Die Hände tief in die Taschen ihrer Jeans vergraben, stapfte sie hinaus in den winterlichen Garten; eine kleine, stämmige Gestalt, deren dunkle Haare wie üblich so aussahen, als wäre sie gerade rückwärts unter einer Hecke durchgekrochen. Sie hatte den Kopf nach vorne gebeugt, einen finsteren Ausdruck im Gesicht, und während sie an der Gartenmauer entlangmarschierte, sagte sie lautlos den Satz, den sie immer sagte, wenn sie wütend auf jemand war.

»Dumm, doof und blöd!«, murmelte sie. »Genau, das sind sie alle – dumm, doof und blöd. Warum kann ich kein lebendiges Tier haben, nur für mich, und jetzt gleich?«

»Mi-ich?«, hörte sie da ein Stimmchen über sich. Als Sophie aufblickte, sah sie eine Katze auf der Mauer sitzen. Es war eine pechschwarze

Katze mit großen, runden, orangefarbenen Augen, die Sophie fixierten. Noch einmal, etwas zutraulicher, fragte die Katze: »Mi-ich?«
Die Katze sprang von der Mauer, kam mit steil nach oben gerichtetem Schwanz auf Sophie zu und begann, sich an ihren Beinen zu reiben. Dabei schnurrte sie wie eine kleine Dampfmaschine.
Sophies eben noch finsteres Gesicht überzog sich mit einem breiten Lächeln, als sie das schimmernde Fell der Katze streichelte. »Frohe Weihnachten, liebes Kätzchen!«, sagte sie. »Wie schön du bist! Wem gehörst du?«
»Di-ir!«, antwortete die Katze.
Zumindest hörte sich ihr ›Miau‹ in Sophies Ohren so an.

»Komm mit, Kätzchen«, sagte Sophie.
»Mal sehen, was wir für dich finden können.«

Tom verschwindet wieder

Sophies erster Gedanke war es, der Katze etwas zum Fressen zu holen. Alle Tiere mussten regelmäßig gefüttert werden, das wusste sie, und dieses hier war bestimmt hungrig, obwohl es gepflegt und gesund aussah. Aber schließlich war heute Weihnachten. Da essen alle mehr als sonst.

»Komm mit, Kätzchen«, sagte Sophie. »Mal sehen, was wir für dich finden können.«

Sie schaute zum Wohnzimmerfenster, doch niemand hielt nach ihr Ausschau. Ihre Familie war an ihre Wutanfälle gewöhnt, die nie sehr lange anhielten, und alle wussten, dass man sie am besten allein ließ, bis sie sich wieder beruhigt hatte. Deshalb konnte Sophie ungesehen durch die Hintertür, die in die Küche führte, ins Haus gehen. Die Katze folgte ihr brav, als wäre sie ihr ganzes Leben lang hinter Sophie hergelaufen und wüsste genau, was diese vorhatte. Neugierig beobachtete sie, wie Sophie den Kühlschrank öffnete und ein paar Hautfetzen von den Resten des Truthahns abzupfte. Sophie legte sie auf eine Untertasse, zusammen mit einem Würstchen und ein paar Speckrändern, die ihre Mutter für die Vögel aufgehoben hatte.

»Bitte, bedien dich«, sagte sie zu der schwarzen Katze. »Wie immer du auch heißt.« Sie beobachtete die Katze beim Fressen.

»Du brauchst unbedingt einen Namen«, fuhr Sophie nachdenklich fort. »Findest du nicht auch? Allerdings weiß ich leider nicht, ob du ein Junge oder ein Mädchen bist. Und du kannst es mir auch nicht verraten, stimmt's?«

»Ni-au«, antwortete die Katze und hob ihren Kopf von der leeren Untertasse.

»Hm, ich glaube, dass du ein Junge bist«, sagte Sophie. »Weil du so viel essen kannst. Gut, dann werde ich dich Tom nennen.« Sie holte die Milchflasche aus dem Kühlschrank und goss etwas Milch auf die Untertasse. Dann schenkte sie auch ein Glas für sich selbst ein.

»Prost, Tom!«, sagte Sophie und sie tranken beide.
Da kam ihre Mutter in die Küche.
»Sophie!«, rief sie erschrocken. »Was machst du da?«
»Ich habe meiner Katze etwas Milch gegeben«, erklärte Sophie gelassen.
»Deiner Katze?«
»Meinem Kater«, stellte Sophie die Sache richtig. »Er hat behauptet, er gehört mir.«
»Sei nicht albern. Wahrscheinlich gehört er den Nachbarn. Aber nein, die haben keine Katze. Es muss ein streunendes Tier sein.«
»Was ist ein streunendes Tier?«
»Ein Hund oder eine Katze, die sich entweder verlaufen haben oder kein Heim haben.«
»Nun, dann ist es bestimmt kein streunendes Tier, Mami«, sagte Sophie. »Es hat nämlich ein Heim.«
»Wo?«
»Hier.«
»Oh nein, das hat er nicht, mein Kind«, antwortete Sophies Mutter mit fester Stimme. »Diese Katze verlässt sofort unser Haus, hast du

mich verstanden? Papa mag keine Katzen, das weißt du. Außerdem gehört sie dir nicht, sie hat bestimmt schon einen Besitzer, zu dem sie zurückgehen wird.«

»Wie kann sie das? Sie hat sich verlaufen, das hast du selbst gesagt.«

Als er die Milch ausgetrunken hatte, rieb sich der schwarze Kater schnurrend an den Beinen von Sophies Mutter, die sich automatisch bückte, um ihn zu streicheln.

»Tut mir leid, Kätzchen«, sagte sie, »aber du musst wieder gehen. Das ist mein letztes Wort.«

»Schwarze Kater bringen Glück«, sagte Sophie versuchsweise.

»Hinaus mit ihm!«

»Besonders wenn sie von rechts kommen. Das hat mir Tante Al erzählt. Und Tom kam von rechts.«

»Tu, was ich gesagt habe, Sophie. Bring die Katze hinaus!«, befahl Sophies Mutter, die sich innerlich auf einen längeren Kampf eingestellt hatte.

Doch zu ihrer Überraschung sagte Sophie nur:

»Okay, ich zieh mir nur schnell die Stiefel und den Mantel an. Es ist kalt draußen.« Nachdem sie sich angezogen hatte, fügte sie mit einem vorwurfsvollen Blick auf ihre Mutter hinzu: »Es ist auch für Katzen sehr kalt.« Nach diesen Worten stapfte sie hinaus. Tom folgte ihr brav.

Hinten im Garten stand ein alter Schuppen, in dem Sophie ihre Tiere untergebracht hatte – solche Tiere, die sie mit Erlaubnis ihrer Eltern halten durfte.
Dazu gehörten Asseln, Hundertfüßer, Regenwürmer, Ohrwürmer, Schnecken mit und ohne Häuschen, die sie in vielen verschiedenen Kartons, Büchsen und Marmeladegläsern untergebracht hatte. Die meisten von ihnen durften kommen und gehen wie es ihnen beliebte, und viele suchten tatsächlich das Weite. Doch das machte nichts, weil Sophie die Abgänge ständig durch neue Tiere ersetzte.
Sophie öffnete die Tür des Schuppens, die vom Haus aus nicht zu sehen war, und ging hinein. Der schwarze Kater zögerte kurz auf der

Der schwarze Kater zögerte kurz auf der Schwelle.

Schwelle, doch dann, von der für Katzen typischen Neugier getrieben, folgte er ihr. Er sprang auf den großen Karton, auf dem seitlich GEBACKENE BOHNEN aufgedruckt war. Direkt auf dem mit roten, großen, ungelenken Buchstaben aufgemalten Wort SNEKEN ließ er sich nieder und begann in aller Seelenruhe damit, sich zu putzen.

Sophie beobachtete ihn. Sie rieb sich die Nasenspitze, ein sicheres Zeichen dafür, dass sie angestrengt nachdachte. Dann sagte sie: »Ich hab's! Hör zu, Tom, du kannst erstmal hier bleiben. Ich werde dir immer etwas zum Fressen bringen. Ich bringe auch Cornflakes und Kekskrümel und Kohlblätter für meine anderen Tiere hier. Deshalb wird niemand etwas bemerken. Hier bist du in Sicherheit. Im Winter kommt niemand her. Und jetzt mache ich dir ein schönes warmes Bettchen.«

Zuerst schloss sie die Tür, dann nahm sie ein Pflanztablett aus Holz vom Regal und legte es mit einem alten Sack aus. Danach hob sie den schwarzen Kater hoch, was nicht ganz einfach war, weil er erstaunlich schwer war, und setzte

ihn auf den Sack. Doch mit dem typischen Eigensinn von Katzen stolzierte er gleich wieder vom Tablett herunter, stellte sich neben die geschlossene Tür und miaute.
»Tut mir Leid, Kleiner«, sagte Sophie mit fester Stimme, »aber du musst hier bleiben. Das ist mein letztes Wort. Und jetzt geh bitte aus dem Weg.« Doch da Katzen für gewöhnlich jede Form von Gehorsam ablehnen, blieb der Kater störrisch neben der Tür stehen und miaute weiter.
Doch in Sachen Eigensinn war Sophie ihm durchaus gewachsen.
»Tu, was ich gesagt habe, Tom«, befahl sie, und als er sich nicht von der Stelle rührte, hob sie ihn hoch und ließ ihn in die andere Richtung wieder herunterspringen. Und bis er gelandet war, hatte sie die Tür schon hinter sich zugemacht.

Als sich die ganze Familie am Tisch versammelt hatte, um Tee zu trinken, trugen sie Papiermützen und hatten die Knallfrösche bereitgelegt. Da fragte Sophies Vater: »Sophie, wie ich gehört habe, hast du eine streunende Katze ins Haus gebracht? Wo ist sie jetzt?«

Da Sophie nicht lügen wollte, andererseits auch nicht die Absicht hatte, die Wahrheit zu sagen, beschloss sie zu schweigen.

»Es nützt nichts, wenn du schmollst«, sagte ihr Vater.

»Ich schmolle nicht.«

»Sie hat sie wieder in den Garten gebracht«, erklärte ihre Mutter. »Inzwischen ist sie bestimmt längst über alle Berge.«

»Gut«, sagte ihr Vater. »Du weißt, dass ich keine Katzen mag.«

»Was für eine Katze war es?«, fragte Matthias, ehe er einen großen Bissen vom Weihnachtskuchen verschlang.

»Eine schwarze.«

»Männchen oder Weibchen?«

»Männchen.«

»Woher willst du das wissen?«, fragten die Zwillinge mit vollem Mund im Chor.

»Weil er sein Essen wie ihr hintergeschlungen hat«, antwortete Sophie. »Jungen sind gieriger als Mädchen, das weiß jeder.«

Sie nahm nur ein kleines Häppchen vom Kuchen auf ihre Gabel.
»Man muss jeden Bissen zweiunddreißig Mal kauen«, sagte sie, ehe sie die Gabel zum Munde führte.
Mit Argusaugen beobachteten die Zwillinge, wie sie endlos lange kaute, und in dem Moment, als sie den Bissen hinunterschluckte, riefen sie: »Das waren siebenunddreißig Mal!«
»Lasst sie in Frieden, Jungs«, sagte ihre Mutter. »Ihr wisst, dass Sophie erst bis zwanzig zählen kann.«
Sophie saß noch immer am Tisch, als der Rest der Familie längst fertig war. Die anderen nahmen an, sie würde so lange brauchen, weil sie jeden Bissen so lange kaute. Doch sobald sie das Zimmer verlassen hatten, stürzte sich Sophie auf den Rest auf ihrem Kuchenteller, riss ihre Papiermütze vom Kopf und packte den Kuchenrest hinein. Mit ihrem Proviantpaket in der Hand schlich sie sich zur Hintertür hinaus und marschierte durch den dämmrigen Garten.
Sie öffnete die Tür des Schuppens einen Spalt

breit und rief: »Tom! Hier ist dein Abendessen.« Doch aus der Dunkelheit im Inneren kam keine Antwort.
Sophie öffnete die Tür ein bisschen weiter und streckte den Kopf hinein. Es war gerade hell genug, dass sie die Umrisse der Kartons, Büchsen und Gläser erkennen konnte, in denen ihre Tiere lebten, und das mit dem Sack ausgelegte Pflanztablett, auf dem Tom hätte schlafen sollen. Von dem schwarzen Kater war jedoch weit und breit nichts zu sehen.
Sophie ging auf alle viere, um zu sehen, ob er sich irgendwo versteckte. Da entdeckte sie ein Loch in der Wand. An dieser Stelle war das Holz verfault, und die entstandene Öffnung war groß genug, um einem kleinen Gefangenen die Flucht zu ermöglichen.
Sophie war sehr enttäuscht und traurig. Obwohl sie und der schwarze Kater sich erst so kurz kannten, war sie so sicher gewesen, dass eine ganz besondere Art von Freundschaft sie verband. Und trotzdem hatte er sie verlassen!
Andere Kinder wären an ihrer Stelle vielleicht

Sophie entdeckte ein Loch in der Wand.

in Tränen ausgebrochen, aber Sophie war keine Heulsuse. Sie beschloss, nicht gleich schwarz zu sehen. Tom machte bestimmt nur einen kleinen Spaziergang. Er würde wiederkommen. Sobald er Hunger hatte!
Sophie nahm einen Blumenuntersetzer und legte den Kuchenrest und die Krümel, die sie mitgebracht hatte, hinein. Aus dem alten Blechtopf mit Wasser, das sie immer nachfüllte, um ihre Nacktschnecken damit zu befeuchten, füllte sie etwas Wasser in ein Backförmchen. Schließlich ging sie wieder, ließ die Tür des Geräteschuppens aber angelehnt. »Tom! Tom! Wo bist du?«, rief sie leise durch den Garten. Doch es kam keine Antwort. Langsam ging Sophie zum Haus zurück.

Am zweiten, sehr nasskalten Weihnachtsfeiertag eilte Sophie in aller Herrgottsfrühe wieder zum Geräteschuppen. Insgeheim hoffte sie, dass der schwarze Kater zurück wäre. Doch als sie gespannt den Kopf durch die Tür streckte, sah sie nur eine fette Maus im Blumenuntersetzer sitzen und gerade den Rest des Weihnachts-

kuchens verputzen. Tom war und blieb auch während der nächsten Tage verschwunden.
Sophie spielte hingebungsvoll mit ihrer Spielzeugfarm, und nur ihre Mutter wunderte sich, warum sie etwas schweigsamer war als sonst. Sonst fiel es niemandem auf, denn Sophies Vater musste nach den Feiertagen wieder zur Arbeit gehen und Matthias und Mark waren – wie immer – hauptsächlich mit sich selbst beschäftigt.
Sophies Mutter kam zu dem Schluss, dass es vermutlich der baldige Schulbeginn war, der Sophie etwas stiller und zurückgezogener machte als sonst und sie häufig in den Garten hinausblicken ließ. Es machte ihr bestimmt zu schaffen, dass sie bald viele neue Kinder treffen würde – das war es!
»Es wird dir in der Schule gefallen, da bin ich mir sicher«, sagte sie.
»Ich weiß«, antwortete Sophie. »Ich freue mich schon darauf. In der Schule lerne ich, wie man eine Farm führt.« Daran glaubte sie noch immer felsenfest, obwohl die Zwillinge nur die Augen verdreht und sich an die Stirn getippt

hatten, als sie das erste Mal davon gesprochen hatte.
Ihre Mutter, die gerade versuchte, etwas Ordnung in Sophies wilden, dunklen Haarschopf zu bringen, hielt kurz inne.
»Du machst dir doch keine Sorgen, mein Schatz, oder?«, fragte sie.
Sophie rieb sich die Nasenspitze.
»Nur um Tom«, antwortete sie nach einer Weile.
»Wer ist Tom?«
»Mein Kater. Du kennst ihn doch.«
»Oh, dem geht es bestimmt bestens. Katzen können gut für sich selber sorgen.«
»Ich wünschte, ich hätte für ihn sorgen dürfen«, sagte Sophie vorwurfsvoll.

Am Morgen des letzten Samstags in den Ferien hatte Sophie gerade eine Runde Mensch-ärgere-dich-nicht mit ihrem Vater und ihren Brüdern gespielt, die sich nur mit Mühe zu diesem Spiel hatten überreden lassen. Jetzt fuhr sie ihre Kühe zum Melken auf den Hof ihrer Spielzeugfarm, als ihre Mutter vom Einkaufen zu-

rück kam und sich zu Sophie stellte. Sie blickte auf die Ansammlung von Spielzeugtieren herunter.
»Am Montag ist dein erster Schultag«, sagte sie.
»Ich weiß«, sagte Sophie. »Dann melke ich am Morgen, ehe ich zur Schule gehe und am Nachmittag, wenn ich wiederkomme.«
Ihre Mutter reichte ihr ein kleines in Papier eingewickeltes Päckchen.
»Was ist das?«, fragte Sophie.
»Ein kleines Geschenk. Es soll dir Glück bringen.«
Sophie wickelte es aus.
Es war eine winzige Spielzeugkatze. Sie war schwarz und hatte große orangefarbene Augen.

Sophie kommt in die Schule

An jedem Tag in den vergangenen zwei Jahren, die die Zwillinge nun schon zur Schule gingen, war auch Sophie mitgegangen, mit ihrer Mutter zusammen entweder zu Fuß oder, wenn schlechtes Wetter war, mit dem Auto. Doch jetzt würde sie zum ersten Mal nicht mehr mit ihrer Mutter zusammen um Viertel vor neun Uhr morgens zurückgehen oder zurückfahren.

Endlich war sie auch Schülerin.

Der Tag hatte nicht gut angefangen.

»Warum muss ich einen Rock anziehen?«, hatte Sophie gemeckert.

»Der Rock gehört zur Schuluniform«, hatte ihre Mutter erklärt. »Man darf nicht in die Schule kommen wie man Lust hat.«

Normalerweise trug Sophie meist ihren alten blauen Pulli, auf den mit weißer Wolle ihr

Name aufgestickt war, alte Jeans und am liebsten auch ihre Gummistiefel.
Doch an diesem Morgen, als sie vor dem großen Wandspiegel stand, blickte ihr eine verdrießlich dreinschauende kleine Gestalt mit einem grauen Faltenrock, einer grauen Bluse, gestreiften Krawatte und kastanienbraunen Strickweste entgegen.
»Diese Klamotten sind dumm, doof und blöd«, rief sie.
»Du siehst sehr hübsch aus«, sagte ihre Mutter.
»Du siehst sehr hübsch aus«, sagte auch ihr Vater, als er zum Frühstück herunterkam. Die Zwillinge sagten nichts, weil sie gewarnt worden waren, aber sie schauten zuerst ihre Schwester, dann einander an. Dann grinsten sie. Finsteren Blickes starrte Sophie auf ihre grauen Hosen.
»Schade, dass wir nicht in Schottland leben«, sagte sie.
»Warum?«
»Dann müsstet ihr auch einen Rock tragen. Das machen sie dort. Hat mir Tante Al erzählt.«

»Warum muss ich einen Rock anziehen?«, meckerte Sophie.

In der Schule angekommen, rannten Matthias und Mark davon, ohne sich noch einmal umzuschauen. Sophie und ihre Mutter gingen in das Klassenzimmer der Erstklässler. Hier waren schon einige Kinder versammelt, die ebenfalls zum ersten Mal in die Schule gekommen waren. Die meisten klammerten sich ängstlich an ihre Mutter, andere schnieften, und ein kleiner Junge brüllte wie am Spieß.
Sophies Mutter warf einen prüfenden Blick auf ihre Tochter, doch deren einzige Reaktion bestand darin, missbilligend ihre dunklen Augenbrauen hochzuziehen.
»Wieso heult er?«, fragte Sophie.
»Komm, hängen wir deinen Anorak auf!«, sagte ihre Mutter. »Draußen im Flur ist eine Garderobe. Mal sehen, ob wir an einem der Haken deinen Namen entdecken.«
Wenn es ein Wort gab, das Sophie mit Sicherheit lesen konnte, dann war es ihr Name, und sie entdeckte ihn auch sofort. Über jedem Haken hing das Bild eines Tiers und daneben stand ein Name. Es waren alle möglichen Tiere – ein Löwe, ein Elefant, ein Papagei, ein Hase.

Bei Sophies Name war eine schwarz-weiße Kuh mit einem großen Euter abgebildet.
»Super!«, rief Sophie begeistert. »Sie wissen es schon.«
Sophies Mutter fand, dass dies ein guter Moment war, sich zurückzuziehen. Sie drückte ihrer Tochter einen Kuss auf die Wange und sagte etwas besorgt: »Also, bis später.«
»Tschüs«, rief Sophie auf ihre übliche unbekümmerte Art und stapfte ins Klassenzimmer zurück.

Ganz zufällig war die Lehrerin, die die erste Klasse übernommen hatte, auch neu an dieser Schule, weshalb ihr alle Kinder, ob neu oder alt, fremd waren.
Die meisten waren auch Sophie völlig fremd, wie sie feststellte, nachdem sie sich auf den ihr zugeteilten Platz gesetzt hatte und ihren Blick durch das Zimmer schweifen ließ. Doch plötzlich verwandelte sich ihr Gesichtsausdruck von Gleichgültigkeit in massive Ablehnung.
Ihr gegenüber, auf der anderen Seite des Klassenzimmers, saß ein hübsches kleines Mäd-

chen mit goldblonden Haaren, die mit Bändern zu zwei adretten Schwänzen gebunden waren.
Dieses Mädchen, das Daniela hieß, kannte Sophie schon, und ihr erstes Treffen war alles andere als glücklich verlaufen.
Sophies Mutter hatte Daniela zum Spielen eingeladen, und dabei hatte Daniela mit voller Absicht eine von Sophies größten Asseln zertrampelt. Um sich zu rächen, hatte Sophie Danielas Spielzeugpony zertrampelt, ein rosa Pony mit einer langen, silbernen Mähne und einem langen, silbrigen Schwanz, das Silberhuf hieß. Wütend war Sophie so lange darauf herumgehüpft, bis es nur noch ein schmutziger platter Klumpen gewesen war, der kein Fünkchen Silberglanz mehr aufwies.
Ohne Sophies funkelnde Blicke zu bemerken, plauderte Daniela unbeschwert mit ihren Freunden, bis die Lehrerin um Ruhe bat. Sie teilte den neuen Schülern mit, dass jedes von ihnen ein Kind zugeteilt bekam, das schon länger an der Schule war und das ihnen in den ersten Tagen beistehen würde.

Ohne Sophies funkelnde Blicke zu bemerken,
plauderte Daniela unbeschwert mit ihren Freunden.

»Ich kenne mich schon aus«, meldete sich Sophie.
»Tatsächlich?«, sagte die Lehrerin. »Schön für dich, … mal sehen, du bist …?«
»Sophie.«
»Schön für dich, Sophie. Ich nehme an, du hast eine ältere Schwester, die schon in diese Schule geht?«
»Nein.«
»Einen älteren Bruder?«
»Nein.«
Sophie liebte Ratespiele. »Rat weiter«, sagte sie. »Noch ein Versuch.«
»Sie hat *zwei* ältere Brüder«, ließ sich Daniela vernehmen. »Es sind Zwillinge.«
Sophie funkelte sie wütend an, doch die Lehrerin sagte nur: »Ah, du musst Daniela sein, stimmt's? Gut, da du viel über Sophies Familie zu wissen scheinst, darfst du dich um sie kümmern.«
»Igitt!«, flüsterte Sophie, faltete ihre Arme und stülpte ihre Unterlippe vor. Das überlegene Grinsen auf Danielas Gesicht erlosch abrupt.

Als die Glocke zur großen Pause ertönte, achtete die Lehrerin darauf, dass jeder Neuankömmling seinen Betreuer hatte, ehe sie die Kinder aus dem Klassenzimmer gehen ließ. Daniela, die ein neues blaues Pony in der Hand hatte, kam auf Sophie zu. Sie schien etwas nervös.

»Musst du zur Toilette?«, fragte sie.

»Nein«, antwortete Sophie.

Dabei musste sie – wie verrückt sogar, aber sie hatte sich vorgenommen, nichts von dem zu tun, was Daniela vorschlagen würde.

Draußen auf dem Schulhof rannten, sprangen und hüpften viele Kinder herum, manche lärmend, andere etwas leiser. Die Zwillinge machten einen Rundgang um zu sehen, wie es Sophie ging (weil es ihnen aufgetragen worden war).

Sie fanden ihre Schwester in einer Ecke, wo sie düsteren Blickes auf die lärmende Schar blickte. In ihrer Nähe, aber nicht zu nahe, stand ihre Betreuerin, Daniela.

»Alles okay?«, rief Mark. »Alles okay?«, rief auch Matthias.

Sophie nickte. Ihr Gesichtsausdruck, der eher an eine Beerdigung erinnerte, veränderte sich nicht.

Die Zwillinge blickten auf Daniela, die ängstlich ihr blaues Pony umklammerte.

»Was hast du hier zu suchen?«, fragten die Zwillinge im Chor.

»Ich soll mich um sie kümmern«, antwortete Daniela.

»Deine Freundin?«, fragte Matthias seine Schwester.

»Nein.«

»Willst du, dass sie hier bleibt?«, fragte Mark.

»Nein.«

»Also, verzieh dich!«, riefen die beiden Jungen.

Daniela rannte erleichtert davon.

Sophie begann von einem Fuß auf den anderen zu hüpfen.

Ihre Brüder wussten aus Erfahrung, was das bedeutete.

»Musst du?«

»Ja.«

»Weißt du, wo die Toilette ist?«, fragte Matthias.

»Ja.«
»Dann lauf schon!«, riefen die beiden wie aus einem Munde, und Sophie stürzte davon.

Einer der Punkte, die Sophies Vorfreude auf die Schule etwas gedämpft hatten, war das Essen in der Schulkantine gewesen. Sie wusste, dass es manchmal Sardinen in Tomatensauce gab, was sie absolut nicht mochte. Deshalb ging sie am ersten Tag recht lustlos in den großen Saal. Sie hatte das sichere Gefühl, dass es ausgerechnet heute Sardinen geben würde. Doch zu ihrer großen Freude gab es Würstchen und Pommes frites und gebackene Bohnen, gefolgt von Apfelstrudel mit Vanillesauce, ihre Leibspeisen; und nicht einmal die Tatsache, dass sie neben Daniela sitzen musste, konnte sie davon abhalten, das Mittagessen zu genießen.
Von da an wurde der Tag eindeutig besser, denn am Nachmittag malten sie Bilder, die sie anschließend nach Hause mitnehmen durften, um sie ihren Eltern zu zeigen.
Sophie malte leidenschaftlich gerne. Sie war ganz in die Arbeit mit den bunten Filzstiften

versunken, hatte den Kopf über das Blatt gebeugt und die Zungenspitze vor Anstrengung zwischen die Zähne geklemmt. Sie durften zeichnen, was sie wollten. Alle ihre Mitschüler zeichneten ihre Eltern, manche auch noch ihr Haus. Sophies Bild war jedoch ganz anders als die anderen.

»Du zeichnest aber viele Sachen in dein Bild hinein, Sophie«, sagte die Lehrerin, als sie prüfend durch die Reihen ging. »Was wird es?«

Sophie blickte vorwurfsvoll auf.

»Siehst du das nicht?«, fragte sie.

»Nun, ich bin mir nicht ganz sicher ...«

»Okay, dann zeige ich es dir«, sagte Sophie. Sie nahm einen roten Filzstift und schrieb in großen, wackeligen Buchstaben über ihr Bild:

MEINE FARM

»Sehr schön, Sophie«, sagte die Lehrerin. »Toll, dass du schon so gut und auch fehlerfrei schreiben kannst. Du scheinst ein aufgewecktes Kind zu sein. Was möchtest du später einmal werden? Etwa Schriftstellerin?«

»Natürlich nicht«, sagte Sophie abfällig. »Ich will eine Farm haben.«
»Was hast du da, Sophie?«, fragte ihre Mutter, die zur Schule gekommen war um ihre Tochter abzuholen. Sophie hatte ihre Zeichnung zusammengerollt und mit einem Gummiband verschnürt unter dem Arm.
»Ich habe ein Bild gemalt«, sagte sie.
»Kann ich mal sehen?«
»Wenn wir zu Hause sind, Mami«, sagte Sophie. »Es ist ein Geschenk, weißt du. Für dich und Papa. Und auch für Matthias und Mark.
»Was hast du gemalt?«, wollten die Zwillinge wissen.
»Meine Farm.«
»Deine Spielzeugfarm?«
»Nein, meine richtige, die ich mit meinem Farmgeld kaufen werde, wenn ich groß bin.«
Zu Hause wollte Sophie das Bild nicht gleich aufrollen. Sie wartete, bis ihr Vater von der Arbeit heimkam. Die ganze Familie stand um den Küchentisch versammelt, als Sophie feierlich ihr Bild enthüllte, das Ergebnis ihres ersten Schultags.

Die ganze Familie stand um den Küchentisch versammelt, als Sophie feierlich ihr Bild enthüllte.

»Sehr schön, Sophie«, sagte ihr Vater. »MEINE FARM, wie ich sehe.«

»Nein, meine«, widersprach Sophie.

»Ich habe doch nur vorgelesen, was du darüber geschrieben hast.«

»Wirklich sehr schön«, sagte ihre Mutter etwas verwirrt.

Doch die Zwillinge ließen die Sache nicht dabei bewenden. Sie wussten von all den Tieren, die Sophie später haben wollte, und deshalb wollten sie genau wissen, wer auf dem Bild Blümchen, April, Mai, Kleiner und Pünktchen, das Schwein, war.

Auf Sophies Bild waren jedoch wesentlich mehr Tiere abgebildet – Dutzende sogar, und die Betrachter konnten nur raten, welche von den Farbklecksern Kühe, Hühner, Pferde oder Schweine darstellten.

»Und was sind das?«, fragte Matthias und zeigte auf eine Anhäufung von Tupfern in einer Ecke.

»Schweine natürlich«, erklärte Sophie.

»Sieht eher nach Schafen aus«, sagte Mark.

»Sophie ist eben Impressionistin«, sagte ihr Vater. »Und ich finde, es ist ein tolles Bild. Doch wie mir scheint, willst du später sehr viele Tiere auf deiner Farm haben, wenn man bedenkt, dass du ursprünglich nur fünf haben wolltest. Wie willst du das schaffen?«

»Nun, ich züchte die Tiere natürlich«, sagte Sophie. »Tiere bekommen viel Nachwuchs. Ich dachte, das weißt du!«

»Klar, wie dumm von mir.«

»Und was ist das kleine schwarze Ding da?«, fragte ihre Mutter und zeigte mit dem Finger darauf.

»Das ist Tom.«

»Dein Kater?«

»Ja.«

»Und das braune Ding dort drüben?«, fragte Mark. »Sieht aus wie ein Haufen oder so.«

»Das ist ein Haufen«, erklärte Sophie, »mein Misthaufen.«

»Schaut«, rief Matthias. »Aus dem Misthaufen ragen zwei Beine heraus. Ist da jemand kopfüber hineingefallen?«

»Ja«, sagte Sophie mit leuchtenden Augen. »Das ist Daniela.«

Daniela machte keinen Hehl aus ihrer Abneigung gegen die Zwillinge und erst recht gegen Sophie.

Duncan kommt zu Besuch

Daniela machte bald keinen Hehl mehr aus ihrer Abneigung gegen die Zwillinge und erst recht gegen Sophie. Sie erfüllte zwar ihre Pflicht und stellte sich neben Sophie, wenn es befohlen wurde, aber ansonsten schaute sie, dass sie ihr aus dem Weg ging.

Sophie freute sich bereits darauf, dass sie in zwei Jahren in die dritte Klasse kommen und Judo lernen durfte. Dann würde sie Daniela mit einem lauten Krachen auf die Matte werfen.

Als sie schon zwei Wochen zur Schule ging, unterhielt sich die Rektorin mit der Lehrerin der Erstklässler über die neuen Schüler und erkundigte sich nach ihren Fortschritten.

»Was ist mit der Schwester der Zwillinge, Sophie?«, fragte sie.

»Ein entschlossenes kleines Persönchen«, lautete die Antwort.

»Wie kommt sie mit den anderen Kindern zurecht?«
»Anfangs schien sie nicht besonders viel von ihnen zu halten. Ich teilte ihr Daniela als Betreuerin zu, aber inzwischen glaube ich, dass das keine gute Entscheidung war.«
»Sie ist eine Einzelgängerin, nicht wahr?«
»Ja, sie ist am liebsten für sich.«

Auch Sophies Mutter machte sich Sorgen.
»Ich weiß, dass du Daniela nicht magst«, sagte sie, »aber was ist mit den anderen Mädchen in deiner Klasse?«
»Ich kann keine von ihnen leiden.«
»Und die Jungen?«
»Die sind doof.«
»Alle?«
»Duncan ist ganz okay.«
Duncan war, wie Sophies Mutter wenig später herausfand, ein sehr kleiner Junge, das kleinste Kind in Sophies Klasse. Sophie, so erfuhr sie von der Klassenlehrerin, spielte mit ihm in den Pausen. Sie hielten beide je ein Ende eines Springseils, und Sophie drehte sich auf der

Stelle, während Duncan im Kreis um sie herumlief.
»Ich hatte heute Pausenaufsicht und habe sie beobachtet«, sagte die Lehrerin. »Dabei hörte ich, wie sie ihm ›Hü‹, ›Trab‹ und ›Galopp‹ zurief, so als würde sie ein Pferd longieren.«
›Kleiner‹, kam es Sophies Mutter in den Sinn.
Und tatsächlich – als Duncan ihr gezeigt wurde, sah sie, dass er aussah, als würde in seinen Adern das Blut eines Shetlandponys fließen. Er hatte eine struppige, rotblonde Mähne, kurze Beine und war recht stämmig.
Wenige Tage später kam Sophie mit einem weiteren Bild ihrer zukünftigen Farm nach Hause. Es sah fast genauso aus wie das erste Bild, selbst die kleine schwarze Gestalt ihres Katers Tom war darauf, doch dieses Mal ragten keine Beine aus dem Misthaufen. Stattdessen stand ein kleines Streichholzmännchen daneben.
»Wer ist das?«, fragte Sophies Mutter.
»Das ist mein Farmarbeiter. Er wirft den Kuhmist auf den Misthaufen.«

»Aha, und wie heißt er?«
»Duncan.«

Sophies neuer Freund (oder besser gesagt, ihr Sklave, da er jeden ihrer Befehle umgehend ausführte) war den scharfen Augen der Zwillinge natürlich nicht entgangen.
»Sophie hat einen Freund«, verkündete Matthias noch am gleichen Abend.
»Er heißt Duncan«, ergänzte Mark.
»Er ist nicht mein Freund«, sagte Sophie. »Ich habe ihm nur versprochen, dass er auf meiner Farm arbeiten darf. Wenn wir groß sind.«
»Und wie hat er reagiert?«, fragte Sophies Vater.
»Er wird es natürlich tun.«
»Natürlich. Aber womit willst du ihn bezahlen?«
»Ich bezahle ihm nichts.«
»Du meinst, du wirst ihm keinen Lohn bezahlen?«, sagte ihr Vater kopfschüttelnd. »Er muss umsonst für dich schuften?«
»Nein, nicht umsonst«, widersprach Sophie. »Er bekommt sein Essen. Ich habe ihm verspro-

chen, dass er Milch von meinen Kühen, Eier von meinen Hühnern und Cornflakes von meinem Kornfeld haben kann, soviel er will.«

»Da kann er ja von Glück sagen.«

»Stimmt«, sagte Sophie. »Das habe ich ihm auch gesagt.«

Nach ein paar Monaten kam Duncan zum ersten Mal zu Sophie zu Besuch. Sophie hatte ihm aufgetragen, seine Mutter zu fragen, ob er zum Abendessen kommen dürfe, was er natürlich getan hatte. Die beiden Mütter hatten einen Termin ausgemacht. Duncan hatte wunschgemäß seine Gummistiefel mitgebracht und Sophies Mutter hatte wie gewünscht Hamburger und Kakao zubereitet.

Doch bevor sie sich an den Tisch setzten, ging Sophie mit ihrem kleinen Freund zum Geräteschuppen, um ihm ihre Tiere zu zeigen. Sie war etwas enttäuscht, weil er nicht in Begeisterungsstürme ausbrach. Besonders die Ohrwürmer schienen ihm etwas Angst zu machen.

»Sie zwicken«, sagte Duncan.

»Unsinn«, sagte Sophie. »Du darfst dich nicht vor Tieren fürchten, wenn du später mein Farmarbeiter werden willst.«

Sie holte einen Ohrwurm aus dem Schuhkarton, auf dem ORWIRMER stand.

»Du musst nur streng zu ihnen sein«, sagte sie. »Lass ihnen keinen Unfug durchgehen.«

Sie zeigte auf das Pflanztablett, das noch immer mit dem Sack ausgelegt war.

»Das ist das Bett meines Katers«, sagte sie. »Er heißt Tom. Er ist sehr groß und ganz schwarz.«

Auch diese Neuigkeit schien Duncan nicht zu erfreuen.

»Wo ist er?«, fragte er.

»Oh, irgendwo unterwegs«, antwortete Sophie ausweichend.

Sie bemerkte nicht, dass Duncan sich immer wieder nervös umschaute, als sie durch die einbrechende Dämmerung ins Haus zurückgingen. Doch dass ihm das Abendessen schmeckte, konnte niemandem entgehen. Außer Hamburgern und Kakao gab es zum Nachtisch auch noch Obstkuchen, und der zukünftige Farmar-

»Du musst nur streng mit den Ohrwürmern sein«, sagte Sophie. »Lass ihnen keinen Unfug durchgehen.«

beiter schaufelte Unmengen davon in sich hinein.
»Ihm wird gleich schlecht werden«, flüsterte Matthias.
»Oder er wird platzen«, flüsterte Mark zurück.
»Sophie wird sich noch ganz schön wundern, wie teuer sein Unterhalt sie kommt«, sagten sie zueinander.
Duncan war noch am Essen, als alle anderen längst satt waren, und hätte vielleicht noch weitergegessen, wenn Sophie ihm nicht befohlen hätte, mit ihr zu kommen um mit ihrer Spielzeugfarm zu spielen. Er musste die Kühe melken.
Später, als Duncans Mutter kam um ihren Sohn abzuholen, standen sie alle unter der Haustür und winkten ihm nach, als plötzlich laute Geräusche aus den Tiefen des dunklen Gartens kamen. Es war ein schreckliches Gejaule, Geheule, Wimmern und Fauchen grässlicher Stimmen, die – wie es schien – einen Wettbewerb veranstalteten, wer das schaurigste Geräusch von sich geben konnte.

»Himmel!«, rief Sophie. »Was ist denn das?«
»Streitende Katzen, nehme ich an«, sagte ihre Mutter.
»Vielleicht ist es Tom!«, rief Sophie und rannte ins Haus um eine Taschenlampe zu holen.
Obwohl sie es niemals zugegeben hätte, war es Sophie doch ein bisschen mulmig zu Mute, als sie im Schein ihrer Taschenlampe durch den stockfinsteren Garten tapste. Das Katzengeschrei hörte sich wirklich etwas unheimlich an.
Plötzlich hörte man eine Explosion von Fauchen, eine Art Knurren, und im Schein der Taschenlampe sah Sophie nicht weniger als drei dunkle Gestalten davonhetzen. Blitzschnell sprangen sie über die Mauer und waren auch schon verschwunden. Man sagt, dass nachts alle Katzen grau sind, aber Sophie war sich fast sicher, dass eine der Gestalten tiefschwarz gewesen war.
»Tom!«, rief sie. »Tom!« Aber im Garten herrschte plötzlich eine Totenstille.
Erst als Sophie wieder ins Haus gegangen war, ertönte aus der Ferne eine leise Antwort.

Im Schein der Taschenlampe sah Sophie drei dunkle Gestalten davonhetzen.

»Mi-ja?«, kam eine vorsichtige Frage, aber Sophie hatte die Tür bereits hinter sich zugemacht.

Sobald Sophie aufwachte, sprang sie aus dem Bett und ging ans Fenster.

Tante Al hat eine Idee

»Warum haben die Katzen einen solchen Krach gemacht?«, fragte Sophie später.
»Wahrscheinlich waren es zwei Kater«, sagte ihr Vater.
»Nein, es waren drei. Aber warum haben sie gestritten?«
»Wegen eines Weibchens, nehme ich an.«
»Ich wette, mein Tom hat gewonnen.«
»Ich habe es dir schon mehrmals gesagt«, sagte ihre Mutter. »Es ist nicht *dein* Tom.«

Als Sophie am nächsten Morgen aufwachte, sprang sie aus dem Bett und ging ans Fenster. Es war noch etwas dämmerig, aber sie konnte ganz genau sehen, dass eine schwarze Katze auf dem Rasen saß und mit orangefarbenen Augen zu ihrem Fenster heraufblickte.
Leise ging Sophie die Treppe hinunter,

schlüpfte in ihre Gummistiefel und schlich zur Hintertür hinaus. Doch sie konnte sich im Garten umschauen so lange sie wollte, der schwarze Kater war und blieb verschwunden.
»Tom, Tom«, rief sie, möglichst leise, um den Rest der Familie nicht aufzuwecken. Zu ihrer großen Freude hörte sie ein zartes Stimmchen »Mi-ja?« antworten. Zumindest hörte es sich in Sophies Ohren so an. Der schwarze Kater kam aus dem Gebüsch um sich streicheln zu lassen, ehe er Sophie ohne zu zögern in die Küche folgte.
»Du hast sicher Lust auf ein Schälchen Milch«, sagte Sophie und goss eine Untertasse voll, die Tom gierig leer trank.
»Jetzt hör mir mal zu, Tom«, sagte Sophie. »Du darfst nicht im Haus bleiben, weil meine Eltern dagegen sind. Du musst wieder gehen. Aber wenn du morgen früh wiederkommst, bekommst du wieder Milch, verstanden?«
»Mi-ja«, antwortete der Kater.
Und in der Tat schien er sie verstanden zu haben, denn von diesem Tag an wartete er brav jeden Morgen an der Hintertür.

»Merkwürdig«, sagte Sophies Mutter eines Morgens beim Frühstück, »aber irgendwie habe ich das Gefühl, dass wir in letzter Zeit mehr Milch brauchen als sonst. Ich muss dem Milchmann sagen, uns in Zukunft mehr Milch zu bringen. Sagt mal, trinkt ihr Jungen mehr Milch als sonst?«
»Nö«, antworteten die Zwillinge. »Wir mögen das Zeug sowieso nicht Mama.«
»Sophie?«
Wie immer blieb Sophie streng bei der Wahrheit.
»Ich trinke gern Milch«, sagte sie. »Aus diesem Grund möchte ich später auch eine Farm haben. Aber mehr als sonst trinke ich nicht.«
Und es wäre auch nichts weiter passiert, wenn Sophies Vater nicht eines Tages auf Geschäftsreise hätte gehen müssen. Er musste nach Schottland. Das bedeutete, dass er einen sehr frühen Zug nehmen musste. Und als Tom gerade genüsslich seine Untertasse leer trank und Sophie ihm mit leuchtenden Augen dabei zusah, tauchte unerwartet ihr Vater in der Küche auf.

»Aha, das ist also der Grund dafür, warum wir in letzter Zeit mehr Milch brauchen!«, rief er. »Sophie, bring dieses Tier sofort hinaus!«
»Aber Papa …«
»Kein Aber. Hinaus!«
»Komm, Tom!«, sagte Sophie würdevoll. »Mein Papa mag keine Katzen.«
»Stimmt, ich mag keine fremden Katzen, die uns die Milch wegtrinken«, sagte ihr Vater. »Katzen sind nur zu einem gut, nämlich zum Mäusefangen. Diese Katze wird unsere Küche nie wieder betreten. Ist das klar, Sophie?«
»Nie wieder?«, fragte Sophie.
Sie blickte so traurig drein, dass ihr Vater seinem Herzen einen Stoß gab.
»Weißt du was?«, sagte er. »Falls jemand in diesem Haus jemals eine Maus erblickt, werde ich mir überlegen, ob wir uns nicht doch eine Katze anschaffen.«

»Aber denk ja nicht, dass du die Milch fortan in den Garten tragen darfst, Sophie«, sagte ihre Mutter, nachdem sie von der Sache erfahren hatte. »Katzen sollten außerdem nur Wasser be-

»Sophie, bring dieses Tier sofort hinaus!«

kommen, von Milch werden sie dick. Und dieser Kater ist wirklich schon dick genug.«
Allerdings hätte Sophies Mutter wissen müssen, dass ihre Tochter sehr dickköpfig sein konnte, und wenn sie in den folgenden Tagen etwas früher aufgestanden wäre, hätte sie gesehen, dass Sophie ihren Tom nicht im Stich ließ. Sie ließ ihn zwar nicht mehr in die Küche und gab ihm auch keine Milch mehr, aber sie sorgte dafür, dass er jeden Morgen ein kleines Frühstück bekam.
Bald war es offensichtlich, dass Tom seine früheren Besitzer – wer immer sie gewesen sein mochten – vergessen hatte. Ob ihnen sein Verschwinden gleichgültig war oder ob sie weggezogen waren, wusste niemand, aber der schwarze Kater schien Sophies Garten zu seinem neuen Revier und Sophie zu seinem neuen Frauchen erklärt zu haben. Er schlief sogar im Geräteschuppen.
Sophie war natürlich entzückt darüber. Schade, dass Papa keine Katzen mag, dachte sie. Wenn wir nur Mäuse im Haus hätten. Aber sie freute sich, Tom so häufig im Garten anzutreffen und

abends im Bett zu liegen und daran zu denken, dass ihr schwarzer Kater gerade draußen im Dunkeln auf der Jagd war.

»Ich wette, Tante Al wird dich mögen«, sagte sie zu Tom. »Sie kommt bald. Papa bringt sie mit, wenn er von seiner Geschäftsreise aus Schottland kommt. Sie wohnt im Hochland, weißt du. Dort gibt es wilde Katzen. Hättest du Lust, eine wilde Katze zu treffen?«

»Ni-au«, antwortete Tom.

Gleich nach der Ankunft von Tante Al, die erstaunlich frisch war nach einer so langen Reise, nahm Sophie sie an der Hand.

»Komm, ich möchte dir Tom zeigen, Tante Al«, sagte sie.

Tante Al, die sehr klein war und mit ihrer Hakennase ein bisschen wie ein Vogel aussah, legte den Kopf schräg und schaute Sophie fragend an.

»Wer ist Tom?«, wollte sie wissen. »Dein Freund?«

»Nein, der heißt Duncan«, sagte Matthias.

»Tom ist eine Katze«, erklärte Mark.

Tante Al wandte sich an ihren Großneffen.

Tante Al legte den Kopf schräg und schaute Sophie fragend an.

»Ich dachte, du magst keine Katzen«, sagte sie.
»Stimmt«, antwortete Sophies Vater. »Deshalb kommt mir das Tier auch nicht mehr ins Haus.«
»Es ist herrenlos«, sagte Sophies Mutter. »Die Katze scheint uns adoptiert zu haben. Ich habe schon bei der Polizei und dem Tierschutzbund angerufen, doch niemand hat es als vermisst gemeldet.«
»Deshalb gehört Tom jetzt mir«, sagte Sophie. »Er ist mein Kater.«

Tom schien Tante Al sofort in sein Herz geschlossen zu haben. Er kam unter einer Hecke hervor, schmiegte sich an ihre mageren Vogelbeinchen und begann leise zu schnurren. Tante Al kraulte ihn hinter den Ohren.
»Du darfst nicht ins Haus?«, fragte sie.
»Ni-au«, antwortete Tom.
»Erst wenn wir eine Maus im Haus haben, sagt Papa«, erklärte Sophie.
»Was höchst unwahrscheinlich ist, wie ich annehme«, sagte Tante Al.

Am nächsten Tag war einer dieser herrlichen, viel versprechenden Vorfrühlingstage, und am Nachmittag spazierten Tante Al und Sophie zusammen durch den Garten. Sophie hatte ihr gelbes Eimerchen dabei, in dem sie neue Tiere sammelte, um die Exemplare zu ersetzen, die sich immer wieder aus dem Staub machten.

Sophie und Tante Al kamen zum Geräteschuppen und gingen hinein. Im Inneren saß Tom in geduckter Haltung.

»Er hat etwas gefangen«, sagte Tante Al. Und tatsächlich – er hatte eine Maus zwischen den Vorderpfoten, wahrscheinlich die verfressene Maus, die damals den Weihnachtskuchen aufgefuttert hatte. Sie lebte noch, war zwar etwas mitgenommen aber doch unversehrt, und jedes Mal wenn sie entwischen wollte, holte Tom sie unsanft wieder zurück.

»Die arme Maus!«, rief Sophie. »Lass sie sofort in Ruhe, Tom!« Doch der schwarze Kater fauchte sie nur an.

»Katzen fressen nun einmal Mäuse, das weißt du«, sagte Tante Al. »Das ist normal. Tom lässt sie sich bestimmt nicht wegnehmen.«

»Oh doch!«, rief Sophie erbost. »Das werden wir gleich sehen!« Und schon stürmte sie auf ihn los und schwang drohend ihren Eimer.
Mit einem Schrei, der sich verblüffend wie ›Hilfe!‹ anhörte, schoss Tom zur Tür hinaus.
»Wir können sie nicht hier liegen lassen«, sagte Sophie nach einem besorgten Blick auf die Maus, die unter Schock stand und sich nicht mehr rührte. »Tom kommt bestimmt bald zurück. Was sollen wir tun, Tante Al?«
»Warte«, sagte Tante Al. »Hast du irgendwo eine leere Schachtel? Mir ist gerade etwas Tolles eingefallen.«

So kam es, dass wenig später, als Sophie, ihre Mutter und ihre Großtante in der Küche saßen und Tee tranken, Tante Al plötzlich sagte: »Was war das?«
»Was war was?«
»Mir kam es eben so vor, als habe ich ein Kratzen gehört. Als ob irgendwo eine Maus sei.«
»Wir haben keine Mäuse im Haus«, widersprach Sophies Mutter. »Das kannst du mir glauben.«

*Mit einem Schrei, der sich verblüffend wie »Hilfe!« anhörte,
schoss Tom zur Tür hinaus.*

»Ich bin ganz sicher, dass ich etwas gehört habe«, sagte Tante Al. »Hört, da ist es schon wieder.«

»Es kommt von der Ecke dort drüben«, sagte Sophie. »Dort bei dem alten Karton.«

Sophies Mutter erhob sich vom Küchentisch, ging zu dem fraglichen Karton und hob den Deckel. Schnell ließ sie ihn wieder fallen.

»Oh nein!«, rief sie entsetzt. »Eine Maus! Hilfe, ich hasse Mäuse. Sophie, bring sie sofort in den Garten.«

Nachdem Sophie den Karton samt Maus hinausgeschafft hatte, kam sie wieder in die Küche zurück.

»Mama«, sagte sie vorsichtig. »Du weißt doch, was Papa gesagt hat, oder?«

»Was?«

»Falls jemals eine Maus hier im Haus erblickt wird, hat er gesagt, werde er sich überlegen, ob wir uns eine Katze anschaffen. Also, wenn Papa von der Arbeit kommt, können wir ihm doch sagen, dass wir eine Maus gesehen haben, nicht wahr?« Perplex schaute Sophies Mutter auf die beiden Anwesenden, ihre sechsjährige Tochter

und deren einundachtzigjährige Urgroßtante.
Ihre Gesichter waren ausdruckslos.
Sie hingegen musste plötzlich grinsen.
»Ihr seid mir vielleicht zwei«, sagte sie.

Daniela geht zu Boden

Es stellte sich heraus, dass Tom ein sehr rücksichtsvolles Tier war. Er achtete darauf, seine neue Position als Hauskater nicht auszunützen. Er miaute nicht ungeduldig, wenn er hinaus- oder hereingelassen werden wollte, riss nicht an den Vorhängen und sprang auch nicht mit schmutzigen Pfoten auf das Sofa oder tat gar noch schlimmere Dinge. Er störte nicht und fiel niemandem zur Last.

Von Sophies Vater hielt er sich fern, ganz als spüre er dessen Abneigung gegen Katzen. Den Zwillingen ging er auch aus dem Weg, wahrscheinlich weil er befürchtete, dass sie ihn necken würden. Sophies Mutter gegenüber benahm er sich respektvoll, aber man sah auf den ersten Blick, dass er für immer und ewig Sophies Tom sein würde.

Sophie hingegen war weniger rücksichtsvoll als

Man sah auf den ersten Blick, dass Tom für immer und ewig Sophies Tom sein würde.

ihr Kater. Es reichte ihr noch nicht, dass Tom nun ins Haus kommen durfte; nein, sie fragte auch noch, ob er in ihrem Bett schlafen dürfe.
»Niemals«, antwortete ihre Mutter mit fester Stimme. »Übertreib nicht, Sophie. Papa war sehr entgegenkommend in dieser Sache. Er hat sogar eine Klappe in die Hintertür eingebaut und ich kaufe regelmäßig Katzenfutter. Damit müsstest du jetzt wirklich zufrieden sein.«
Doch Sophie setzte ihren Willen wieder einmal auf höchst unerwartete Weise durch.

Etwa eine Woche nachdem Tante Al wieder abgereist war, kam Sophie von der Schule und sagte, ihr Kopf würde jucken.
»Wo genau?«, fragte ihre Mutter.
»Überall zwischen den Haaren«, antwortete Sophie und kratzte weiter in ihrem wirren dunklen Haarschopf.
»Kopfläuse, nehme ich an«, sagte Matthias.
»Oder Katzenflöhe«, sagte Mark, ehe die beiden rasch das Weite suchten.
Später, als Sophie in der Badewanne lag, sah

ihre Mutter Flecken auf ihrem Rücken. Es waren dunkelrote, flache Flecken, und sie ließ den Arzt kommen.

»Sorgen Sie dafür, dass Sophie für ein paar Tage im Bett bleibt«, sagte der Doktor. »Sie hat leichtes Fieber. Es sind Windpocken.«

»Dabei war es heute gar nicht windig«, jammerte Sophie.

Der Arzt lachte.

»Passen Sie auf, dass sie sich nicht kratzt«, sagte er zu Sophies Mutter. »Wissen Sie etwas um sie abzulenken? Was tut sie am liebsten?«

»Malen«, antwortete ihre Mutter.

»Mit meinem Kater spielen«, fügte Sophie rasch hinzu.

»Gut«, sagte der Arzt. »Du bleibst ein paar Tage im Bett. Damit dir nicht langweilig wird, darfst du deine Katze bei dir haben und sie malen.«

»Ihn«, verbesserte ihn Sophie. »Mami, holst du bitte Tom her?«

»Aber nur tagsüber«, sagte Sophies Mutter, nachdem der Arzt gegangen war. »Nachts muss die Katze raus.«

Aber das hielt nicht lange an. Sophie ließ ihre Zimmertür immer offen stehen, und dank der Klappe in der Hintertür konnte Tom kommen und gehen, wann es ihm beliebte. Und wenn er im Haus war, schlich er wie ein Schatten geräuschlos nach oben. Er war inzwischen ein ziemlich dicker Schatten geworden – zweifellos ein kleines Dickerchen. Wenn Sophie am Morgen aufwachte, spürte sie als erstes sein warmes Gewicht auf ihren Füßen.

Abgesehen davon, dass er Dutzende von Male Modell sitzen musste, erwies Tom sich während Sophies Windpockenzeit als wahrer Segen, denn wann immer sie das Gefühl hatte, unbedingt ihre Flecken kratzen zu müssen, kratzte sie statt dessen Tom, und der genoss es natürlich sehr.

Inzwischen waren mehrere Kinder aus ihrer Klasse an Windpocken erkrankt, allerdings nicht Daniela – was Sophie sicher bedauert hätte, wenn sie es gewusst hätte.

Daniela hatte übrigens keine Hemmungen, Sophies Fehlen für sich auszunutzen. Sie hatte es weder vergessen noch verziehen, dass

Sophie ihren geliebten ›Silberhuf‹ zertrampelt hatte, und um sich zu rächen, setzte sie jetzt alles daran, Sophies zukünftigen Farmarbeiter abzuwerben. Das war nicht schwierig, denn Duncan war nicht nur sehr gutmütig, sondern zudem auch ewig hungrig. Da Daniela ihm regelmäßig Süßigkeiten zusteckte, wurde er rasch ihr Sklave und folgte ihr mit derselben hündischen Unterwürfigkeit, die er einst Sophie gegenüber gezeigt hatte, auf Schritt und Tritt.
Doch Daniela hätte es besser wissen sollen. Es mit Sophie aufzunehmen, war in etwa dasselbe wie wenn ein Pudel eine Bulldogge angreifen würde, und natürlich sollte sie diesen Schachzug bald bereuen.
Als Sophie am ersten Tag nach ihrer Krankheit wieder in der Schule war, marschierte sie in der großen Pause mit ihrem Springseil auf den Schulhof. Zu dem Spiel, das sie erfunden hatte, gehörte es, dass sie als Pferdebesitzerin auf die Koppel (den Schulhof) ging und das Pony (Duncan) herbeirief. Wenn er dann gehorsam angetrabt kam, befestigte sie die Longe (das

Springseil) an seinem Geschirr (Hand), und das Training konnte beginnen.

Sie wühlte sich durch die lärmende Menge der anderen Schüler und rief: »Duncan! Duncan! Komm her! Sei ein lieber Junge!«

Sie hatte ihn darauf trainiert, als Antwort zu wiehern, doch heute blieb diese Reaktion aus. Als Sophie sich suchend umblickte, sah sie am anderen Ende des Schulhofs etwas, das ihr Blut zum Kochen brachte. Dort stand Daniela und hatte Duncan an der Longe! In der linken Hand hielt sie ihr blaues Spielzeugpferdchen, in der rechten das Ende eines Springseils, während Duncan mit feierlichem Gesicht um sie herumtrabte.

Sophie stapfte über den Schulhof, stellte sich in gebührendem Abstand vor Daniela, um Duncans Kreise nicht zu stören und blickte sie finster an.

»Was machst du mit meinem Pony?«, fragte sie drohend.

Daniela blickte betreten auf ihr blaues Pony.

»Es ist nicht deins«, sagte sie. »Es ist meins, und wenn du es anfasst, sage ich es der Lehrerin.«

»Ich meine nicht dieses Pony«, sagte Sophie.

Duncan, der als letzten Befehl ›Weitertraben‹ gehört hatte, trabte brav weiter, und da Daniela sich nicht mehr mit ihm drehte, da sie Sophie im Auge behalten wollte, musste Duncan immer kleinere Kreise drehen, bis sich das Seil schließlich in der ganzen Länge um Danielas Beine gewickelt hatte und Duncan notgedrungen stehen bleiben musste. Daniela saß in der Falle, wie eine dicke Fliege, die von einer kleinen Spinne in einen Kokon eingesponnen worden war.

Sophie ging drohend auf die beiden Gefangenen zu.

»Du bist dumm, doof und blöd«, sagte sie zu Daniela und gab ihr einen Schubs. Gemeinsam mit Duncan fiel Daniela um.

Mit großer Genugtuung hörte Sophie ihr Geheule. Dann wandte sie sich an ihren Möchtegern-Farmarbeiter.

»Und nun zu dir«, sagte sie mit zornfunkelnden Augen. »Hiermit bist du gefeuert!«

»Und nun zu dir«, sagte Sophie zu Duncan.
»Hiermit bist du gefeuert!«

»Das hättest du sehen sollen, Mama!«, riefen die Zwillinge, als ihre Mutter kam, um ihre drei Rangen nach der Schule abzuholen.

»Daniela hat gebrüllt wie am Spieß!«, sagte Mark.

»Duncan hat auch gebrüllt wie am Spieß!«, ergänzte Matthias.

»Und als der Lehrer kam, der Pausenaufsicht hatte …«

» … und fragte, was los sei …«

»Sagte Daniela: ›Sie hat mich gestoßen‹ …«

»Und der Lehrer hat gefragt: ›Wer hat dich gestoßen?‹ …«

»Da hat Daniela ›Sophie‹ gesagt …«

»Und Sophie hat ›ja‹ gesagt …«

»Da wollte er wissen, warum …«

»Und Sophie gab keine Antwort.«

»Was ist dann passiert?«, unterbrach ihre Mutter den Redeschwall ihrer Söhne.

»Sophie musste zur Rektorin gehen«, erklärte Matthias.

»In ihr Büro«, ergänzte Mark.

»Und was hat die Rektorin gesagt?«

»Keine Ahnung«, mussten die beiden zugeben.

»Wir haben versucht, am Schlüsselloch zu lauschen, aber wir konnten nichts hören.«
»Sophie, was hat die Rektorin gesagt?«, wollte ihre Mutter wissen.
»Sie hat gesagt, ich sei ungezogen.«
»Und was hast du daraufhin geantwortet?«
»Nichts.«
»Und was tat sie dann?«
»Ich musste zur Strafe in der nächsten Pause im Klassenzimmer bleiben«, sagte Sophie.
Plötzlich musste sie grinsen.
»Ich habe ein Bild gemalt«, sagte sie.
Sie holte ein Papier aus ihrem Schulranzen. Darauf war wie üblich ihre Farm abgebildet, doch mit dem Unterschied, dass auf diesem Bild zwei Beinpaare aus dem Misthaufen ragten. Das eine Paar war lang und dünn, das andere kurz und dick.

Ende April würden die Zwillinge ihren achten Geburtstag feiern, und Sophie überlegte fieberhaft, was sie ihnen schenken konnte.

Große Überraschung

Ende April würden die Zwillinge ihren achten Geburtstag feiern, und Sophie überlegte fieberhaft, was sie ihnen schenken konnte.
»Das ist gar nicht so einfach«, erklärte sie Tom. »Beiden dasselbe zu schenken, ist langweilig. Wenn ich ihnen aber zwei verschiedene Sachen schenke, könnte jeder das Geschenk des anderen schöner finden.«
Sie streichelte über Toms dicken schwarzen Bauch.
»Was meinst du dazu?«, fragte sie, doch ihr Kater schnurrte nur zufrieden.
Sophie beschloss, ihren Vater um Rat zu fragen.
»Ich würde sie fragen, was sie sich wünschen«, sagte er. Deshalb ging Sophie ihre Brüder fragen.
»Was wünschst du dir zum Geburtstag, Mat-

thias?«, fragte sie den um zehn Minuten älteren Zwilling.

»Ein Modellauto mit Fernsteuerung«, antwortete dieser.

»Ich will auch eins«, sagte Mark.

»Oh«, sagte Sophie etwas betreten. »Welche Marke?«

»Einen Lamborghini«, sagte Matthias.

»Einen Ferrari«, sagte Mark.

»Oh«, sagte Sophie. Nach kurzem Überlegen erkundigte sie sich: »Wie viel kostet so ein Auto?«

»Etwa fünfzig Pfund«, sagten sie.

»Die beiden?«

»Nein, pro Stück.«

»Oh«, sagte Sophie.

Nach diesem Gespräch ging Sophie zu ihrem Sparschwein und zählte ihr Farmgeld. Sie hatte die Fünfpfundnote von Tante Al und jede Menge Münzen, die sie gespart hatte. Damit ging sie zu ihrer Mutter und ließ sich beim Zählen helfen.

»Das hier sind 47 Penny«, sagte ihre Mutter.

»Insgesamt hast du also fünf Pfund und 47 Penny.«

»Ich glaube nicht, dass man damit solche Geschenke kaufen kann, wie die Zwillinge sie sich wünschen«, sagte sie wenig später zu Tom.

»Ni-au.«

»Was meinst du? Soll ich den Fünfpfundschein in zwei Hälften schneiden?«

»Ni-au.«

Sophie musste ihm insgeheim Recht geben. Sie war nicht geizig, aber zu viel der Großzügigkeit konnte sie sich nicht leisten.

»Du hast Recht, Tom. Die 47 Penny müssen reichen. Also kaufe ich ihnen wie immer etwas Süßes. Sie mögen Süßigkeiten.«

Deshalb erzählte sie ihrer Mutter, als sie das nächste Mal einkaufen gingen, dass sie vorhatte, für die 47 Penny Süßigkeiten als Geburtstagsgeschenk für die Zwillinge zu kaufen.

Im Geschäft fielen Sophies Augen sofort auf Schokotaler.

»Wie viel kostet ein Schokotaler, Mama?«, fragte sie.

Ihre Mutter schaute genauer hin.
»Einen Penny.«
»Also könnte ich 47 davon kaufen?«
»Ja.«
Das tat sie dann auch.
Als sie aus dem Laden gingen, sagte Sophie: »Mama, was ist die Hälfte von 47?«
»Mal sehen ... Dreiundzwanzigeinhalb.«
»Mist, das geht nicht auf. Ich muss jedem gleich viel schenken.«
»Kein Problem, dann nehmen wir einen weg«, sagte ihre Mutter. »Dann hast du 23 für Matthias und 23 für Mark.«
»Einen wegnehmen? Und was machen wir damit?«
»Augen zu und den Mund weit auf, dann nimmt das Schicksal seinen Lauf.«
Nachdem Sophie die Schokotaler in zwei Haufen geteilt hatte (bis 23 konnte sie längst zählen), legte Sophie jedes Häufchen in eine kleine Schachtel, schrieb die Namen der Zwillinge auf die beiden Schachteln und außerdem noch ALLES GUTE ZUM GEBURTSTAG VON SOPHIE. Die Schachteln stammten aus ihrem

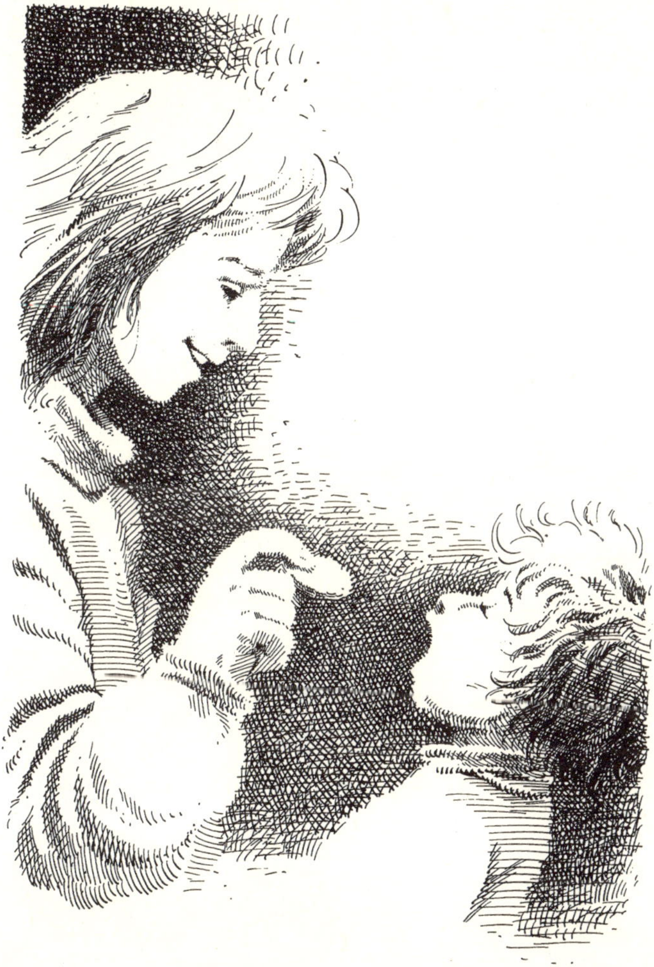

»Augen zu und den Mund weit auf,
dann nimmt das Schicksal seinen Lauf.«

Fundus im Geräteschuppen, aber Matthias und Mark wussten zum Glück nicht, dass darin schon schwarze Käfer gehaust hatten.
Als sie an ihrem Geburtstag Sophies Geschenk auspackten, freuten sie sich sehr.
»Mann, Sophie!«, riefen sie. »Vielen Dank.«
»Keine Ursache.«
»Die Taler müssen schrecklich viel gekostet haben«, sagten sie.
»Oh ja. 47 Penny.«

Zufällig fiel der Geburtstag der Zwillinge auf einen Sonntag, was bedeutete, dass auch ihr Vater zu Hause war, und zudem war es ein herrlicher Frühlingstag. Matthias und Mark hatten je drei Freunde einladen dürfen, und sie hatten sich für sechs Jungen aus ihrer Fußballmannschaft entschieden.
»Möchtest du auch jemanden einladen, Sophie?«, fragte ihre Mutter.
»Zum Beispiel die nette Daniela«, neckte sie Mark.
»Oder den lieben Duncan?«, neckte sie Matthias.

»Igitt!«, rief Sophie. »Nein, danke. Mein Freund Tom reicht mir.«
»Du überfütterst deinen Kater«, sagte ihr Vater. »Schau nur, wie rund er ist. Er braucht mehr Bewegung. Apropos, Jungs, wie wär's mit den Olympischen Spielen?«
»Oh ja, toll, Papa!«, riefen sie im Chor.
Im Vorjahr hatte ihr Vater, der sehr sportbegeistert war, alle möglichen Wurf-, Hüpf- und Laufspiele organisiert, die sie ›Olympische Spiele‹ getauft hatten. Die Wettkämpfe bestanden aus verschiedenen Disziplinen: zwei Rennen, ein kurzes auf dem Rasen und ein langes quer durch den ganzen Garten, Hochsprung und Weitsprung, Diskuswerfen (mit einer Blechscheibe), Baumstammwerfen (ersatzweise ein Kleiderbügel) und Kugelstoßen (mit einem Backstein).
Diese Wettspiele wurden auch dieses Jahr durchgeführt, und meist gewann einer der Zwillinge, da beide sehr sportlich waren. Oder aber sie belegten gemeinsam den ersten Platz.
Sophie nahm natürlich auch teil, war jedoch

immer Letzte, da sie mit Abstand die Jüngste und Kleinste war. Doch alle bewunderten ihren Eifer und ihren Einsatz. Und beim letzten Rennen, dem Marathonlauf, als alle sechsmal um den Garten laufen mussten, brauchte Sophie nur drei Runden zurückzulegen, weshalb sie mit Abstand siegte!
Danach stärkten sich alle mit viel Kakao und Kuchen.

Als die Gäste gegangen waren, zog Sophie sich in das Dachzimmer zurück um vor dem Schlafengehen noch ein Weilchen mit ihrer Spielzeugfarm zu spielen. Ihr Tierbestand war seit Weihnachten beträchtlich angewachsen, denn Sophie hatte weitere Plastiktiere dazugekauft und geschenkt bekommen, darunter eine Ziege, mehrere Gänse und ein paar Kühe. Ihre Farm war inzwischen so groß, dass sie das Mansardenzimmer benutzen durfte, wo sie die Farm stehen lassen konnte und nicht nach jedem Spielen wegräumen musste. In diesem Dachzimmer standen ein paar alte Möbelstücke herum und verschiedener Krimskrams. Zu

ihrer Freude hatte Sophie hier auch den Rest eines grasgrünen Teppichbodens entdeckt, der nun als Weide für ihre Kühe diente.
Sophie kniete auf dem Fußboden, ihr schwarzer Kater strich schnurrend um sie herum. Während sie ihn mit einer Hand streichelte, begann sie mit der anderen ihre Kühe zum Melken in den Stall zu führen.
»Melkzeit«, verkündete sie.
»Bettzeit«, ertönte da die Stimme ihres Vaters.
Er kam zur Tür herein und setzte sich auf den ramponierten alten Sessel.
»Na, meine kleine Farmerin«, sagte er. »Du bist bestimmt todmüde, schließlich hast du den Marathonlauf gewonnen.«
»Gleich, Paps. Ich muss nur noch rasch die Kühe in den Stall bringen.«
Sie griff mit beiden Händen nach ihrer Kuhherde, und Tom, der nunmehr wieder frei war, sprang auf den Schoß ihres Vaters. Zu Sophies Verwunderung durfte er nicht nur dort sitzen bleiben, sondern sie sah, dass ihr Vater ihn sogar streichelte!

»Melkzeit«, verkündete Sophie. »Bettzeit«, sagte ihr Vater.

»Papa!«, rief sie. »Ich dachte, du magst keine Katzen.«
»Tu ich auch nicht«, antwortete er. »Aber diese hier ist eine Ausnahme. Ich habe mich inzwischen an deinen Tom gewöhnt. Du bist ein guter Junge, nicht wahr, Tom?«
»Ni-au«, sagte der schwarze Kater.
»Oh doch, das bist du. Auf, Sophie, mein Schatz. Zeit zum Schlafengehen.«

Als Sophie am nächsten Morgen aufwachte, spürte sie, dass etwas anders war. Doch was? Ach ja, die lebende Wärmeflasche an ihren Füßen fehlte. Sophie zog sich an und ging zum Geräteschuppen um ihre Tiere zu versorgen. Tom war weder im Schuppen noch im Garten, und was noch merkwürdiger war, er erschien auch nicht zur Frühstückszeit, zu der Sophie ihn immer fütterte.
Nach dem Frühstück begann Sophie sich Sorgen zu machen, obwohl sie den anderen noch nichts gesagt hatte. Aber sie ging zuerst nach oben in die Mansarde, um ihre Kühe zu melken.

Als sie die Tür öffnete, hörte sie plötzlich ein zartes Fiepen. Es schien von dem alten Sessel zu kommen. Sophie ging näher. Plötzlich rief sie mit erstickter Stimme: »Herrje!«
Auf dem Sessel lagen vier kleine pelzige Kätzchen, eng an den nunmehr schlankeren Bauch von Tom gepresst. Eines war getigert, eines rötlich, eines schwarz mit einem weißen Brustfleck und weißen Pfoten, und das vierte war wie seine Mutter kohlrabenschwarz.
»Oh Tom!«, rief Sophie. »Du bist mir vielleicht einer! Ich dachte die ganze Zeit, du bist ein Junge. Jetzt muss ich mir einen neuen Namen für dich ausdenken.«
Als Antwort kam ein lautes, stolzes, zufriedenes Schnurren von ihrem Tom.